LA MAGIA DE LA CONSEJERÍA:

HISTORIAS REALES

Miriam S. Velázquez

M.Ed., D.Ed., Consejera Profesional

La magia de la consejería: Historias Reales
2017 © Todos los Derechos Reservados
Autor: Miriam S. Velázquez
msvelazque@yahoo.com
Editor: Jorge Ortiz Colom
Segunda edición: Glendalis lugo
Glendalis.lugo@hotmail.com
Imagen de portada de la web

....

Índice

Dedicatoria

Quiero dedicar este libro a mis hijos Taína, Vladimir y Jorge Pedro quienes siempre han estado confiados en que cumpliré las metas que me he trazado. A mi madre y a todas las personas que siempre vieron en mí la capacidad para desarrollar este proyecto.

Muchas gracias a todos.

Miriam S. Velázquez

La Magia De La Consejería: Historias Reales

Introducción

Cuando decidí estudiar consejería lo hice con el propósito de ayudar a las personas, especialmente a los estudiantes. Después de terminar mis estudios doctorales finalicé con una mezcla de ideas que no podía precisar si eran de Roger, de Bandura, de Skinner, etc. Al final mis ideas son el resultado del impacto de lo estudiado y lo vivido. Por eso afirmo que cada consejero con su modo y manera de pensar, proceder e intervenir crea su propia teoría de consejería. Hago esta afirmación y creo que es correcto porque cada individuo es una entidad única por lo que nunca encontraremos dos personas con exactamente las mismas ideas. Por lo tanto, cada cual ha creado su propio modo de actuar y pensar en consejería, esto es, tiene su propia práctica y teoría. Además, durante el tiempo que interactuaba con el cliente establecía mis metas y mi modo de proceder para cada uno, pero esto, en la mayoria de las ocasiones, no se podía hacer como yo pensaba y tenía que ajustarlo de acuerdo al cliente que atendía ya que cada cual tenía su historia para contar. En ocasiones los mismos clientes eran quienes iban ajustando el proceso; y las metas en consejería se daban según iba aflorando la información compartida. En este libro no citaré a ninguno de los teóricos porque al final de todo no puedo precisar cuál de las teóricos o teorías influyeron en mí para ser la consejera que soy porque soy el resultado de lo estudiado, de mis propias ideas, mis experiencias y de las interacciones con mis clientes. La lectura de este libro se puede hacer en cualquier orden y de acuerdo al interés del lector. He intercalado algunas historias de las personas que fueron mis clientes, pero con el cuidado de no mencionar nombres ni datos que pueden identificarlos.

Palabras Preliminares

La autora Miriam S. Velázquez presenta en este libro el resumen de más de treinta años de experiencia en la educación y el trato con jóvenes y adultos. Hoy día profesora y orientadora retirada del Departamento de Educación. Miriam nació en Arroyo de una familia de clase trabajadora. Su madre Adolfina Velázquez trabajó por años en la escuela preparando los alimentos para los estudiantes en las escuelas públicas y, todavía a sus noventa años se dedica al servicio al prójimo llevando la palabra sagrada a comunidades pobres a los encarcelados. Miriam, junto con su hermana mayor, se crió en varios sectores de Arroyo tales como el sector Brooklyn y Arizona, mientras estudiaba en las escuelas públicas. En 1966 recibió su diploma de escuela secundaria, trasladándose a la Universidad de Puerto Rico en Humacao y posteriormente a Río Piedras donde terminó un bachillerato en educación secundaria con especialidad en matemáticas y ciencia en 1970. Enseguida se dedicó a la enseñanza en varios pueblos del sureste, entre ellos su pueblo natal, el barrio Coquí de Salinas, Salinas y finalmente en la escuela superior de Guayama. En Guayama enseñó matemáticas por más de diez años, pero picada por el gusanito del interés de servir mejor al crecimiento de sus estudiantes empezó a ensayar técnicas nuevas de enseñanzas en las aulas. Y al hacer su maestría en matemáticas en la década de 1983 resolvió tomar los cursos necesarios para tener una segunda especialidad en orientación y consejería. Una vez diplomada de maestría en 1987 decidió seguir en el sistema educativo con un rol de consejera profesional, en el cual empezaría a cosechar éxitos al trabajar con situaciones críticas de comportamiento que afectaban las escuelas donde estuvo tales como Cautiño, Washington y Rafael López Landrón de Guayama. En 1992 se estableció definitivamente como consejera profesional licenciada en la escuela superior Rafael López Landrón y por varios años presidió el Consejo Escolar de la misma. Allí pudo ayudar a bajar la incidencia de violencia y encaminar la institución a mejorar la calidad de sus ofrecimientos académicos. Durante este tiempo la escuela aumentó su presencia en la comunidad y presentó diversas actividades de mejoramiento estudiantil y culturales que tuvieron un impacto en reducir el ausentismo y la deserción. En 2005 la Dra. Velázquez se retiró tras trabajar casi tres décadas y media con amor hacia los jóvenes escolares de Guayama y pueblos aledaños. Miriam es madre de tres hijos emprendedores. Su hija mayor Taína tiene tres títulos universitarios. Vladimir es reconocido arreglista musical y técnico de grabación del reguetón. El hijo menor, Jorge Pedro, es estudiante de aviación. Hoy día se dedica a escribir, viajar y compartir con sus hijos, nietos y todos aquéllos que una vez tocó con su sensibilidad y cariño cuando los orientó a ser mejores personas. Reside en Guayama, pero siempre mantiene contacto con sus raíces humildes, pueblerinas y de compromiso con su gente.

Por: Jorge Ortiz Colom

Autobiografía

Quiero contar mi autobiografía porque ella puede ser parte de las historias de vida. Mi nombre es Miriam S. Velázquez y sólo tengo un apellido porque nunca fui reconocida por mi padre. Conocí a mi padre a la edad de 23 años, y tres años después éste murió. Tengo varias hermanas por parte de padre las cuales nunca he visto en toda mi vida. En febrero de 2006 conocí a dos de estas hermanas y a dos de mis sobrinos. Todavía me falta por conocer dos hermanas más por parte de padre. Sí logré conocer a mi hermano en el 1987, pero éste murió en el 2002. Para diciembre del 2003 conocí por primera vez a dos de mis sobrinos por parte de mi hermano. Todavía no conozco a toda mi familia por parte de padre y mi vida ha transcurrido y vivido con mi hermana de parte de madre y todos sus hijos.

Nací en el pueblo de Arroyo, P. R., pero hace 41 años vivo en Guayama. Me gradué en la escuela Carmen B. de Huyke en Arroyo. En el 1970 obtengo el grado de bachiller en matemáticas con una especialidad en ciencias en la Universidad de Puerto Rico. Me dediqué a la enseñanza de las matemáticas en mi pueblo natal por dos y medio años, luego trabajé en Salinas por ocho años, seis años en la escuela superior Rafael López Landrón de Guayama. En el 1983 regresé a la Universidad de Puerto Rico a realizar la maestría en matemáticas. Esta fue una idea que siempre tuve en mente debido a un sueño que tuvo una estudiante mientras yo trabajaba en la escuela de Salinas. Esta joven me contó que soñó que yo había hecho un doctorado y que estaba dando clases en la universidad. En junio de 1987 obtuve el grado de maestro en matemáticas. Realicé mi tesis cuyo título es "La relación del machismo con la selección de carreras relacionadas o no relacionadas con las matemáticas en las estudiantes de la Universidad de Puerto Rico". Esta tesis fue evaluada excelente.

En ese mismo año hice la práctica en orientación y consejería, pues había tomado suficientes créditos para obtener a la misma vez otra maestría en dicha especialidad. Aprobé mi práctica y cursos con las notas más altas. En abril de 1988 aprobé el examen de materias en orientación y consejería por lo cual obtuve el título como consejera. Hice dos maestrías en cuatro años y medio, una en educación en matemáticas y la otra en orientación y consejería. Trabajé un año en la escuela José J. Osuna en Hato Rey. Regresé a Guayama para dedicarme a la consejería hasta el momento de mi retiro en julio del 2005. Ocupé en dos ocasiones el cargo de consejera enlace cuya responsabilidad consistió en reunir a todos los consejeros del distrito para intercambiar ideas y experiencias de crecimiento profesional.

En el 1997 terminé mis estudios doctorales en orientación y consejería en un tiempo de cuatro años y medio y con trabajo con jornada completa. El título de mi tesis es: "El efecto del método de aprendizaje cooperativo en el comportamiento agresivo en los/las adolescentes de noveno grado en una escuela intermedia urbana". Durante 17 años de consejería tuve experiencias maravillosas que quisiera compartir con otras personas porque estoy convencida que les ayudarán en su crecimiento personal. La idea de escribir siempre ha estado presente en mí. Por más de diez años escribí en periódicos locales de Guayama.

Consejería

Todo ser humano siempre debe pensar en la excelencia y en su superación. Aprender es más que memorizar unos datos, sino transformar lo aprendido e ir más allá. Como ser humano siempre he querido hacer cosas por mí misma y crear cosas nuevas. Como aprendiz que siempre he sido me preocupé por saber si lo aprendido era aplicable y si daba resultados positivos. Mi mayor preocupación cuando estudié educación y cuando me especialicé en matemáticas y en orientación y consejería era si las teorías aprendidas darían resultados con los clientes que atendería en mi oficina. Yo me enamoré de algunas teorías y las apliqué a mi manera, con mis clientes que fueron padres, maestros y estudiantes. Hubo situaciones en las cuales no me pude agarrar de ninguna teoría y tuve que inventar. Esta es una de las razones principales por la cual quiero desarrollar un libro que recoja estas experiencias.

Otra razón para escribir es que la mayoría de las teorías de aprendizaje o del ser humano son de exponentes europeos y americanos. Yo no quiero subestimar ninguna de éstas teorías que me han dirigido en mi desempeño como maestra y consejera. Lo que sí deseo es plasmar otro punto de vista respecto a la enseñanza y la consejería del puertorriqueño, ya que nuestro país tiene unas particularidades que no las encontramos en ninguna parte del mundo. Algo muy peculiar de nosotros como pueblo es que nos reímos y gozamos, aunque nos estemos muriendo y, de hecho, en un estudio reciente se dice que somos el "país más feliz del universo". Este hecho de ser cierto es una cualidad que nos hace únicos. Voy a hablar sobre mi experiencia de 34 años en las escuelas públicas de Puerto Rico. Dediqué 17 años como como maestra y 17 años como consejera profesional. Durante todo este tiempo me he preocupado por el desarrollo cognoscitivo y emocional de los jóvenes. Como persona siempre he vivido la vida que he querido vivir contrario a lo que Julia de Burgos decía: "Yo fui lo que los hombres quisieron que fuera". Puedo explicar esto porque como maestra siempre traté de conseguir los medios para que todos los estudiantes que tenía bajo mi responsabilidad de educar aprendieran matemáticas, pero sin descuidar su desarrollo integral, es decir, físico, emocional e intelectual. Estaba consciente de la importancia que tenía enseñar matemáticas, mi especialidad, pero me daba cuenta que algunos jóvenes no aprendían; no porque no tuvieran la capacidad, sino porque había algunos factores que interferían con ese aprendizaje. Otro aspecto que me llamaba la atención era el nivel de violencia que se generaba en la escuela. Como educadora siempre he pensado que la escuela tiene la estructura para crear y desarrollar seres humanos que no sean violentos y que amen la paz. Es la institución llamada a crear paz en los seres humanos.

Cuando decidí estudiar consejería lo hice pensando en cómo podía ayudar a mi escuela especialmente a aquellos estudiantes que tenían problemas y, además, porque al pasar el tiempo el ambiente en el ámbito escolar y en nuestra sociedad se iba tornando más violento. Quería crear técnicas nuevas que funcionaran con los jóvenes y en el ambiente escolar. Con este trabajo pretendo dejar plasmadas mis ideas, que, pueden ser el resultado de lo estudiado y de mis propias experiencias. Como consejera cumplí una labor importante ya que mi función fue encaminada a intervenir con aspectos personales, educativos y vocacionales del ser humano. Puerto Rico es un país con mucha necesidad de profesionales en el área de salud mental de nuestra sociedad. Los consejeros son profesionales con una variedad de conocimientos por lo que puede trabajar de forma preventiva con aquellos a quienes se sirve, para llevarlos a los más altos niveles de funcionamiento. Como consejera encontré que muchas conductas inapropiadas están directamente ligadas a una necesidad afectiva. Esta es una característica muy marcada en los puertorriqueños. Si una persona necesita el afecto de una persona y ésta no le corresponde de la forma y manera que aquélla espera puede haber una disfunción en el comportamiento de la otra.

¿Por qué la magia de la consejería?

La "magia de la consejería" es la respuesta a la petición que muchas veces pedían quienes llevaban a sus familiares y/o amigos para que yo como consejera les cambiara la vida. En ocasiones respondía: "Yo no soy maga, denme tiempo para cambiar a esta persona". Y es que en que casi siempre quienes referían a los clientes esperaban que con una sesión de consejería estos cambiaran su comportamiento.

Yo me decía que esto era imposible, pues sólo un mago puede cambiar algo en un instante, pero transformar el comportamiento es algo más profundo, pues una conducta es algo que se fue desarrollando durante toda una vida; pero para sorpresa mía, en ocasiones los resultados parecían ser producto de un mago. Y es que en ocasiones recibía visitas de quienes me habían hecho referidos que me preguntaban qué había hecho o dicho a la persona referida, porque ésta había modificado el comportamiento con sólo una intervención mía. Me decía, esto es como un acto de magia porque con una sola sesión de consejería lograba transformar a una persona. ¡Increíble! No podía creer esos resultados casi instantáneos.

¡Qué maravillosa es la consejería y qué maravilloso es ser consejeros! Lograr transformar la vida de las personas con sólo usar la palabra, con la interacción que permite escuchar las historias de vida que, en ocasiones, no permiten que la persona sea feliz es como un acto de magia. Para mí consejería es la relación que permite que la persona logre contar su historia a un consejero para que éste con sus habilidades intelectuales y espirituales logre captar ese mundo interno que, en ocasiones, atormenta a la persona. Esa capacidad de lograr que una persona abra su mundo interior para descubrirse ante el consejero con el propósito de que con la confianza que éste le brinda, pueda ayudarla a encontrar por qué su vida está lastimada o atormentada y no encuentra una o varias salidas para lograr su libertad. Es un momento donde la persona se encuentra atrapada o enjaulada sin la capacidad de encontrar una salida por ella misma. Es aquí cuando la persona desea encontrar a quien le logre transformar su vida "como por arte de magia". Otro aspecto importante de la necesidad de esta "magia" es que cuando tratamos con clientes puertorriqueños estos no están dispuestos a someterse a sesiones extensas ni por mucho tiempo en sesiones de consejerías. Además, desean resultados rápidos o inmediatos.

Yo también como consejera estaba interesada en ayudar a transformar la vida de una persona para que esta fuera feliz casi instantáneamente y que no sufriera por más tiempo. Mi vida como consejera se transformó porque entendí que no era suficiente escuchar a la persona y decir "unjúm", sino que era necesario hacer cosas para transformarla. Las personas iban a mi oficina para que les dijera qué hacer ante la situación que estaban pasando. Yo me preguntaba si era adecuado decirles qué podían hacer y si les decía qué hacer y les iba mal me tendría que echar la culpa (YO, CULPABLE), pero si les decía que hacer y les iba bien entonces tanto la persona como yo seríamos felices. Tomé la decisión de dar consejos cuando la persona lo solicitaba. Contar historias significa relatar aquellas experiencias sin resolver que afectan a una persona de una manera que no le permite ser feliz. Son personas que se quedan estancadas en algún punto, segmento o ángulo de su vida con una experiencia que la afecta emocionalmente. A veces las personas al contar su historia logran ver qué les pasa y transforman sus vidas por ellas mismas.

Aun así, el consejero es importante porque la forma y manera en que escucha a la persona poniendo en atención su cuerpo y espíritu logra que la persona pueda ver lo que le afectaba para abandonarlo o borrarlo o neutralizarlo de su vida. En ocasiones neutralizar o bloquear lo que nos afecta nos permite obtener la felicidad. Cualquier persona puede transformar a otra, pero cuando la intención es transformarla para lograr la felicidad de alguien, pero si se hace en un tiempo mínimo, entonces lo podemos considerar un acto de "magia" gracias a una acción de un consejero.

Confidencialidad

La confidencialidad es uno de los aspectos más importantes que tiene la profesión de consejería es la regla básica que garantiza a las personas que necesitan ayuda, que la información compartida con el consejero no será divulgada a terceros.   A los consejeros se les exige una licencia y como consecuencia están sujetos a un Reglamento y a un Código de Ética. La confidencialidad puede verse afectada en aquellos casos en los que el cliente comunica la probabilidad de daño físico a él o a otra persona. En el caso de amenaza de suicidio los consejeros tenemos el deber ético de alertar a familiares, amigos, los encargados del lugar donde trabajemos, policía, vecinos y a todas aquellas personas que se relacionen con la persona atendida en consejería.

El propósito de tomar todas estas precauciones es proteger la vida de la persona que comunica la amenaza para que las personas más cercanas a ella puedan protegerla. Además, los consejeros podemos y debemos hacer referidos a otros profesionales de la salud o a unidades de salud mental que puedan brindar la ayuda necesaria. También se puede conseguir una orden de un tribunal para internar a la persona en un hospital siquiátrico que pueda ayudarla. Es responsabilidad del consejero hacer todo lo que esté a su alcance para ayudar a su aconsejado; no hacerlo puede exponerse a ser acusado por negligencia, o a perder su licencia.

Un ejemplo de situaciones que no podemos callar es la amenaza de suicidio. Es necesario señalar que los consejeros tomamos muy en serio cualquier idea o amenaza suicida. Algunas personas tienden a burlarse o dudar de la persona que comunica una amenaza de suicidio. Hay una tendencia en los familiares y amigos en decir que la persona "está manipulando y que nunca cometerá el suicidio", pero la realidad es que nuestra sociedad enfrenta casos de suicidios hasta de niños de tan sólo diez años de edad. Algunas personas que amenazan con suicidio pueden estar tratando de llamar la atención o de pedir ayuda. Puede ser que lo intente o no para ver la reacción de los demás. Ahora la realidad es que un intento se puede convertir en un acto real que acabe con su vida. Por todo esto nadie debe dudar, cuando una persona indica que intenta suicidarse. Otras situaciones bajo las cuales el consejero rompe la confidencialidad son el maltrato físico o emocional a menores de edad, violaciones sexuales y amenazas de daño físico a otros. En todos estos casos el consejero alerta tal como se hace en el caso de suicidio. El consejero no divulga información a otros, salvo las ocasiones en que el cliente le autorice porque lo que dice le ayudará. De ser así el consejero debe examinar la información y decidir con su criterio si con su acción de divulgar información tendrá como consecuencia beneficios para el cliente. Recuerde, que la función del consejero es ayudar. Hay que advertir y estar alerta cuando algunos consejeros asumen papeles detectivescos para conseguir información que luego puede ser perjudicial al aconsejado. Esta acción es antiética y no concuerda con el concepto de confidencialidad.

Imagínese que se está trabajando en el escenario escolar y un estudiante indica al consejero que le tiene odio a su maestro/a y lo autoriza a utilizar la información. El consejero debe ser cuidadoso ya que dicha información puede ser amenazante para el maestro/a y, lejos de ayudar, puede agravar más la situación del estudiante. ¿Qué puede hacer el consejero en un caso como ése? Puede plantear la situación de otra forma. Por ejemplo, indicarle al maestro que el estudiante se siente disgustado en el salón y que se recomienda integrarlo en algunas actividades que lo hagan sentirse querido. Se puede sugerir asignar algunas tareas dentro del salón como la distribución de papeles o libros y/o integrarlo al club del salón hogar, entre otros roles que el maestro puede desarrollar. Algunos maestros se pueden sentir incómodos cuando el consejero le da estas recomendaciones con el propósito de ayudar al estudiante.

En fin, la confidencialidad es un principio básico e importante que permite al consejero proteger el mundo interno y complejo del ser humano mientras ayuda a buscar alternativas que le permitan funcionar adecuadamente. El rol de un buen consejero debe ser mantener la confidencialidad siempre, ya que la persona confiará o compartirá con él información que, lo más probable, no compartirá con otras personas. En una ocasión atendía a un joven que estaba manifestando conducta inapropiada en la escuela. Se decía que el joven consumía y vendía drogas allí. Cité a su mamá para discutir el caso. Hice una entrevista individual con la madre para obtener información que me pudieran ayudar a entender el comportamiento inapropiado de su hijo. Una de las primeras preguntas que hago en la consejería cuando trabajo es sobre la relación con su padre, pues están en la etapa de adolescencia, con grandes cambios de su desarrollo que, en ocasiones, no saben explicar. La madre irrumpió en llanto para explicarme que no podía decirme la información que le pedía sobre el padre del joven. Después de muchas preguntas y prometerle que todo estaba garantizado en forma confidencial la madre me contó la verdad. Ella inició diciendo que sólo el sacerdote del pueblo y yo seríamos los únicos en conocer la historia del padre de su hijo. Ella me indicó que su hijo fue el producto de la violación de su padrastro. Ella decidió callar esta información por temor a su madre y su posterior separación de ésta de su esposo. Lo difícil no fue escuchar este relato, sino cuando hice la consejería familiar donde su hijo le decía que lo más que le atormentaba era no saber quién era su padre y por qué ella no le decía quién era. Yo sabía la verdad, pero no pude decirle nada al joven. Este joven uso y vendió drogas. Fue procesado y estuvo interno en una institución de menores por tres años. En sus pases para ir a compartir con su madre y hermanas me visitaba en la escuela y me pedía consejos. Lo atendía so riesgo de estar admitiendo extraños en la escuela ya que él tenía su historial de ventas de drogas. Además, le proveía información donde podía estudiar al finalizar el cumplimiento en la institución donde estaba recluido. Después de diez años vi al joven quien siguió mis consejos de estudiar y ajustó su vida dentro de la sociedad. Él se casó, vive con su esposa, tiene dos hijos y su trabajo. El joven nunca volvió a preguntar sobre la identidad de su padre y la experiencia le ayudó a internalizar el secreto de su madre. La información sobre quien es su padre biológico irá conmigo hasta la tumba, porque nunca se lo diré a él ni a nadie.

El poder del silencio

El silencio tiene un gran poder porque logra comunicar pensamientos, sentimientos y emociones. Como profesional de ayuda utilizo el silencio para ayudar a que la persona que acude a mi oficina pueda organizar mejor sus ideas, examine sus sentimientos y emociones con detenimiento. Cuando una persona tiene mucho coraje trato que exprese sus sentimientos y emociones tal y como los está sintiendo, esto es, espontáneamente. Esta catarsis, en ocasiones, es curativa. Este método lo utilizo siempre y cuando la persona no se ocasione daño ni a ella ni daños otras personas. El silencio también permite que la persona no sea interrumpida cuando trata de exponer lo que le pasa y porqué. El silencio es un tipo de técnica que le transmite al cliente empatía y apoyo. Es así como el cliente avanza a través de la consejería.

Las intervenciones o interrupciones las hace el consejero cada vez que entienda que debe aclarar, resumir o ayudar en la solución del caso. El uso del silencio lo utilizamos en nuestras relaciones interpersonales. Debemos mantener silencio cuando alguien se comunica con nosotros sin hacer interrupciones hasta que nos corresponda intervenir. En ocasiones hay personas que no permiten que la persona termine de hablar, ocasionando que el pensamiento trasmitido no sea el correcto. También las personas recurren a interrumpir una comunicación indicando que ya saben lo que la persona va a decir. Esta práctica puede ocasionar lesiones en las relaciones interpersonales hasta romper lazos cordiales de mucho tiempo. En la comunicación diaria del puertorriqueño he observado que algunas personas hablan al mismo tiempo que la persona que está hablando como pretendiendo terminarle el pensamiento. Esta práctica es poco deseable y, hasta desagradable. Puede ser que en ocasiones se recurra a esto por la prisa o apuro, pero creo que es más saludable indicarle el tiempo que se tiene disponible para que la persona pueda expresarse sin sentir que se le limita el tiempo.

En el ámbito escolar un buen maestro debe aprender a escuchar a sus estudiantes, aunque lo que exprese esté erróneo o esté poco relacionado con el tema. En ocasiones las respuestas erróneas ayudan a que el mismo estudiante y otros salgan de su error o que puedan examinar otras alternativas. El silencio que guarda el maestro da base a que el resto de los estudiantes también puedan examinar la información compartida y así avanzar hacia la búsqueda de nuevas contestaciones. De esta manera las respuestas erróneas ayudan a que el estudiante y otros salgan de su error. El silencio es importante en la relación de padres e hijos porque ambos deben aprender a escucharse. Muchos jóvenes alegan que sus padres no les escuchan. Es beneficioso cuando se quiere corregir a los hijos hacer silencio para ayudar al joven a que reflexione y evitar caer en cantaletas. El silencio tiene un lado negativo porque se puede utilizar como una técnica destructiva. Cuando hacemos silencio sin darle importancia a lo que se nos dice podemos caer en posiciones de ignorar al comunicador ocasionando humillaciones, ironía o apatía. Un ejemplo de esto es cuando los padres están corrigiendo o regañando a sus hijos y estos no les responden. Aquéllos pueden interpretar que éste lo está ignorando o simplemente diciendo con su silencio, "No te quiero escuchar" o "No me importa lo que dices". Utilicemos el silencio sabiamente en nuestras comunicaciones. Evitemos hacer interpretaciones de lo que se dice y mejor preguntemos a quien se comunica con nosotros. La comunicación genuina debe ser clara, sincera y en dos direcciones.

¡Autoestima, sí es importante!

La autoestima es el aprecio que tiene una persona de ella misma. Yo distingo la autoestima del autoconcepto. Para mí el autoconcepto es como la persona percibe lo que otros creen de ella. La autoestima y el autoconcepto deben tener niveles adecuados que permitan a la persona funcionar bien. He observado que cuando la autoestima es baja, hay también necesidades afectivas sin satisfacer y algunos resentimientos que, a su vez, afectan el buen funcionamiento de la persona. Es importante no lastimar esa autoestima porque puede causar problemas tales como trastornos mentales y emocionales. La autoestima puede ser lastimada por expresiones negativas o desagradables que se hagan sobre la persona. He atendido personas con autoestima muy baja que le ha llevado a tomar decisiones que le han lastimado seriamente.

Recuerdo el caso de una estudiante que tenía su autoestima muy lastimada pues los compañeros se mofaban de ella porque siempre estaba mocosa debido a una alergia nasal. Ella visitaba su iglesia y tomaba clases de religión. Un día la joven llegó a la escuela repartiendo dinero y regalos a sus compañeros de su escuela. También se compró una muñeca para ella. El rumor se corrió por toda la escuela porque el total de dinero que ella había obsequiado era mayor a la mesada que le daban sus padres. La estudiante fue referida a consejería donde encontré que la niña había robado el dinero de la iglesia y se lo había repartido a sus compañeros con el propósito de ser aceptada en el grupo, ya que todos se burlaban de ella. La muñeca que se compró fue porque su mamá la había castigado por largo tiempo (más de un año) quitándole su muñeca favorita. La madre tomó esta medida disciplinaria porque la niña se había portado mal y quería que cambiara su comportamiento. A la niña se le dio consejería individual y familiar para ayudarla a recuperar un nivel de autoestima adecuado lo cual mejoró. Se orientó a su madre para que cuando le diera castigos a su hija lo hiciera por intervalos más cortos ya que la joven solo tenía diez años. Con estas intervenciones también mejoró la mucosidad que tenía casi permanente, pues tal parece que al sentirse tan triste también aumentaba su gotereo nasal. La niña llegó a la escuela superior, se graduó, se casó y formó una familia funcional con hijos.

Miriam S. Velázquez

Historia: Mi mamá no me ama

En una ocasión que cité a la madre de una niña que había dejado de asistir a la escuela encontré que la madre confrontaba problemas. Resulta que la madre empieza a relatar un incidente que tuvo con su madre cuando ella tenía 15 años. Tan pronto la madre comenzó a hablar irrumpió en llanto pues recordó una paliza que le dio su madre y unas palabras que ella dijo las cuales interpretó como que le decía que sería una ramera. Esta situación le lastimó su autoestima de tal manera que siempre que recordaba ese momento irrumpía en llanto. Ella me contó que este incidente la llevó a usar drogas y caer en promiscuidad pues, tuvo un incontable número de amores y amoríos. Yo le decía que ella tenía que curar esas heridas perdonando a su madre porque ahora eran sus hijas las que la necesitaban a ella. Le dije que escribiera a su madre una carta de todo lo que ella había sentido desde el momento de la paliza hasta ahora. El acuerdo era destruir esa carta después de hacerla pues podría ser muy fuerte para su madre. Un día su madre fue a la escuela y me dijo que su hija le había entregado la carta y que lo que había escrito era demasiado fuerte, pero después de esta carta la joven madre recuperó su autoestima y terminó su depresión. Después decidió solicitar trabajo pues dependía de las ayudas del gobierno. Consiguió un trabajo con el cual pudo ayudar con la educación de sus hijos y arreglar su casa. Las dos hijas se casaron y formaron sus hogares independientes y la madre nunca ha vuelto a caer en depresión ni en vicios de ninguna clase.

Motivación

La motivación es un elemento esencial para el éxito de una persona. Muchas veces escucho decir "No estoy motivado (a)" o "Esto no me motiva". En el escenario escolar los estudiantes suelen indicar que están aburridos o que la escuela es aburrida. En otras palabras, no se sienten motivados hacia el estudio. La motivación es la chispa que mueve a los seres humanos a forjarse metas, luchar por ellas y alcanzar éxito en empresas que, algunas veces, se puede pensar hubieran sido inalcanzables. En ocasiones atiendo estudiantes en mi oficina que cuando se graduaron de noveno grado obtuvieron honores o altos honores y, de pronto, comienzan a bajar sus notas. En el proceso de consejería encuentro que su motivación ha disminuido o, simplemente, no se sienten motivados. Diferentes razones pueden estar asociados a la pérdida de interés. La falta de motivación puede llegar a niveles tan bajos que un estudiante pueda dar la impresión de tener deficiencia intelectual o estar bajo la norma de inteligencia. Esta situación se puede manifestar porque al perder la motivación también se pierde el interés y la atención en la información que se le presenta. La información puede ser fácil y sencilla, pero si el estudiante no le interesa, entonces no le presta atención y no puede aprender. Esto también ocurre fuera del escenario escolar. ¿Cuál es la chispa que enciende a las personas para que se sientan motivados y puedan poner todo su empeño y dar lo mejor de ellas para funcionar a toda capacidad? Para mí la motivación está dentro de cada uno de nosotros mismos y nos toca a cada cual hacer los esfuerzos para motivarnos. Para algunas personas los consejeros pueden representar la chispa que enciende la motivación en una persona cuando se le ayuda a lidiar con situaciones que le afectan en ese momento.

Los estudiantes que pierden motivación en la escuela comienzan a cortar clases, llegar tarde al salón y a ausentarse por periodos de tiempos prolongados. Algunos pueden terminar abandonando la escuela. Una situación parecida puede suceder con los empleados de una empresa o institución. Muchos recurren al ausentismo cuando no pueden lidiar con situaciones que le afectan en el trabajo. Una persona puede pensar que hay cosas o personas fuera de ella que son las que las mantienen motivadas. Esta forma de motivación externa necesita elementos externos que la motive o la mueva a realizar las metas que se ha propuesto. Toda persona debe conocer si su motivación es interna o externa para evitar caer en desánimos o depresiones sin saber por qué. En una ocasión atendí a una persona en mi oficina porque siempre hacía un trabajo inferior y me explicaba que era víctima de la burla de los demás. Ese estudiante nunca había pensado que podía hacer mejor trabajo. Después de un tiempo me lo encontré y me dijo que una frase (" Yo puedo") que yo le dije durante el proceso de consejería fue suficiente para que se motivara y lograra hacer un trabajo de excelencia. Por eso es que yo digo: ¡Motívate, eso es lo importante!

Motivación y autoestima

La autoestima y la motivación están íntimamente relacionados. Para aprender es necesario sentirse motivado y tener un nivel de autoestima adecuado. Las frases de elogio son importantes cuando se está aprendiendo. En ocasiones cometemos errores, pero nos limitamos a resaltarlos más y a criticar al aprendiz, en vez de resaltar sus pequeños logros o esfuerzos. Muchas veces las personas desarrollan miedo cuando están tratando de hacer algo, ya que experiencias pasadas donde recibieron críticas o castigo le pueden haber ocasionado una baja autoestima y una merma en su motivación. Hay personas que pueden internalizar frases como "Soy un torpe", "Todo me sale mal". "Soy un inútil". Toda persona que se relacione con otra con el propósito de enseñarle algo debe tener en cuenta que la persona debe estar motivada y, además, que su autoestima no sea lastimada o bajada. Cuando alguien falla en un proceso de aprendizaje se debe tener paciencia y evitar los comentarios dañados que en nada ayudan a que la persona continúe el proceso.

Hay que tener en cuenta que cuando no se hace algo correctamente se debe volver a explicar con paciencia para darle la oportunidad a que la persona vaya entendiendo. Hay que tomar en consideración que no todas las personas aprenden al mismo ritmo, unas aprenderán con una sola explicación, pero otras necesitarán más explicaciones y más tiempo. Este proceso es importante cuando lidiamos con nuestros hijos, familiares y amigos. Si se comienza a insultar a una persona cuando está aprendiendo lo más probable es que no quiera continuar porque se ha lastimado su autoestima y ha perdido la motivación. Para el mejor éxito cuando estamos enseñando es mantener un nivel de autoestima y motivación adecuados en la persona que aprende.

¿Qué nos lleva al éxito?

Muchas veces pensamos que las personas que tendrán éxito serán aquéllas con más inteligencia. Quizás pensemos que los que tienen mejores calificaciones en la escuela lograrán las mejores oportunidades en la vida. En ningún sitio he leído eso. La definición de inteligencia tampoco dice nada acerca de las calificaciones que se obtienen en la escuela. Para medir el aprovechamiento de los estudiantes puertorriqueños se utilizan pruebas que pueden ser redactadas y administradas por los maestros o pruebas estandarizadas del sistema educativo. Actualmente los resultados de estas pruebas demuestran que hay un alto por ciento de estudiantes que están por debajo de la ejecución mínima de la requerida para el grado.

Puedo asegurar que a base de los resultados de estas pruebas una gran mayoría de los estudiantes que se gradúan lo hacen con menos de lo requerido para estar preparados para la carrera que seleccionan, pero el panorama no es del todo desalentador. Muchos de los egresados ingresan en diferentes universidades, colegios, escuelas técnicas, entre otros y se preparan para realizar un trabajo. Estos estudiantes logran desarrollar sus talentos en instituciones postsecundaria, pero no necesariamente, fueron estudiantes de A u obtuvieron resultados altos en las pruebas administradas por el Departamento de Educación. Otros estudiantes desarrollan sus propias empresas, aún sin haber estudiado, y logran tener sueldos tan altos o más que un profesional que invirtió muchos años de estudios. Si partimos de la lógica de que para obtener éxito hay que tener buenas notas, algunos de estos estudiantes no tenían mucha posibilidad de éxito pues tenían notas bajas cuando estaban en la escuela.

Recuerdo a un estudiante cuando enseñaba matemática avanzada que casi nunca captaba la explicación de primera vez, por lo general tenía que explicarle individualmente varias veces para que pudiera entender. En una ocasión estaba cansada de explicarle y pensé decirle que no sabía cómo podía estar pensando en estudiar ingeniería si necesitaba tanta ayuda para entender, pero no lo hice y en su lugar le dije "sé que lograrás alcanzar tus metas porque eres muy perseverante". Ese estudiante fue admitido en la U. P. R., Recinto de Mayagüez, se graduó de ingeniería, trabaja como tal y, además, tiene su propia empresa. Estoy segura que su salario es superior al mío y por mucho. Algunas personas dicen que ya es rico. También recuerdo a otro estudiante que cuando comencé de maestra a los 21 años, él tenía más años que yo. Le pregunté porque todavía estaba en la escuela si tenía edad para trabajar y él me contestó, "no puedo con el álgebra". Le dije: "Tráeme un proyecto y veremos qué pasa". El estudiante aprobó la clase y se graduó. El proyecto fue la excusa para hacerle el favor para que aprobara la clase. Para acortar este relato debo decirle que aquel estudiante trabaja en un hospital en el área de limpieza y mantenimiento y tiene su propia agencia de publicidad. Traigo estos ejemplos con el propósito de que podamos reflexionar quiénes serán los estudiantes exitosos. Cuando oriento a un estudiante le pregunto que le gustaría estudiar en vez de qué promedio tiene y así les proveo la información sobre el área de su interés. En realidad, el entusiasmo que demuestren sobre lo que estudien es lo que les dará el éxito. Las notas y el promedio académico pretenden ser un reflejo del aprendizaje de un estudiante, por consiguiente, pensamos que los más sobresalientes serán los más exitosos. Lo que debemos pensar es que cada cual tiene derecho a aportar en la medida que desee aportar, esto es, una persona con menos "capacidad intelectual" puede ser útil a la sociedad si vuelca sus potencialidades hacia una ocupación, carrera, oficio o profesión de su agrado. En una visita a un supermercado el joven que estaba empacando la compra fue un estudiante de Educación Especial que tenía problemas de aprendizaje. De niño era muy callado y huraño, sin embargo, lo que observé allí fue diferente, un joven capaz de hacer un trabajo como los demás. El joven se veía complacido y conversaba amenamente con todos. Es mala costumbre categorizar a las personas en exitosos, talentosos, rezagados o desertores. Estas clasificaciones lo que hacen es ubicar a unas personas en castillos y a otros en basureros. Muchos estudiantes que dejan la escuela, no necesariamente tienen limitaciones en el aprendizaje, sino que se van de la escuela porque ésta no llena sus necesidades, expectativas o intereses. Cada estudiante debe y puede ser exitoso en la sociedad, y la escuela tiene la oportunidad de transformar cada estudiante en una persona exitosa.

Experiencias de crecimiento

Todos los seres humanos hemos tenido experiencias desagradables y negativas. También todos hemos vivido experiencias positivas. Algunas personas quedan con el mal recuerdo día tras día de las experiencias desagradables o negativas. Cuando una persona contempla una experiencia con coraje, desprecio, amargura y desesperanza y es que existe una experiencia sin resolver. Pero otros que han sufrido experiencias contrarias a sus expectativas han logrado aprender de ellas. Algunos pueden afrontar experiencias similares en el futuro sin alteraciones emocionales grandes, pueden ayudarse y ayudar a otros. Estas se convierten en experiencias de crecimiento.

En una ocasión atendí a una persona que había enfrentado una enfermedad grave con valentía, optimismo, esperanza y deseos de vivir. Me contó que los médicos le auguraron pocos meses de vida, pero ya de eso ha pasado cinco años. Según me explicó la enfermedad le hizo ver y admirar la vida de otra forma. No se sintió castigado ni le lanzó reproches a la vida. Sólo se sentía con deseos de vivir. Miró su enfermedad sin afligirse porque como dijo el poeta de Ciales "Sabe el hombre donde nace, pero no donde va a morir." Pero, por otro lado, un amigo suyo en aparente buen estado de salud murió repentinamente. El cambiar la actitud para ver su enfermedad con tranquilidad le trajo que la vida la premiara con más vida.

En consejería algunas personas desearían que su vida terminara cuando sufren una experiencia no deseada. Las experiencias a menudo llegan inesperadamente. A esto yo le digo que hay situaciones que nos llegan de gratis. Ese es el momento en que se necesita ayuda y consejería profesional. En este proceso, a veces, se busca que la persona entienda lo sucedido, busque alternativas satisfactorias, o que al menos, pueda reconocer qué le pasa, que el pasado ya fue y no se puede resolver. A veces pienso que la consejería se parece a las matemáticas, porque los problemas tienen o no tienen solución de acuerdo al conjunto con que se busque la solución. Para el no versado en las matemáticas quizás no pueda entender esto que les dije. Explico esto de la siguiente manera. Para quien se plantee una sola alternativa y reduce así el subconjunto de posibilidades y la situación se puede tornar complicada y muy frustrante.

Por ejemplo, un estudiante que desea estudiar en una universidad determinada y descarta todas las universidades restantes puede frustrarse hasta de por vida si es rechazado por la institución de su predilección. Otro ejemplo puede ser el de una mujer que esperaba vivir con su esposo toda una vida, pero ésta puede quedar frustrada o amargada si tiene que divorciarse. Crecer en consejería es superar estas experiencias difíciles. Todos podemos superarnos. Podemos avanzar hacia niveles de funcionamiento que nos permitan mantener una autoestima alta que es la energía que mueve a la persona a derribar obstáculos y convertir nuestro diario vivir en experiencias de crecimiento.

Experiencias sin resolver

Las personas pasamos por diferentes experiencias que se inician desde el momento de la concepción.   Cada uno nace con unas características físicas y capacidad intelectual. El tiempo, y las experiencias que perciba la persona, van a determinar su desarrollo y conducta. Las experiencias son percibidas por cada cual a su manera y antojo. Así que la misma realidad será percibida de tantas formas diferentes como personas que las contemplen. De esas percepciones depende, en gran medida, la conducta o comportamiento de las personas. Cada persona tiene una expectativa ideal de lo que debe ser la realidad para ella. Ahora bien, las experiencias que tendrá, no son necesariamente como ella las quiere, sino como la realidad en sí misma las brinda.

La cantidad y calidad de experiencias varía de persona a persona. Cada uno pasa por experiencias que le gusta, o le disgusta, o no le son significativas. Con las experiencias que le gusta puede que no haya mal funcionamiento si están dentro del yo ideal y su marco de valores. Algunas personas pueden guardar los eventos desagradables en su inconsciente, sin que afecte su funcionamiento. Si esto sucede la persona ha tenido una experiencia de crecimiento. Si por el contrario la persona experimenta ansiedad, estrés, coraje, deseos de desquitarse o pelear, entonces la experiencia puede convertirse en una "experiencia sin revolver". ¿Cuál es el comportamiento que presenta una persona que guarda una "experiencia sin revolver"? Puede estar evadiendo experiencias similares, deseos de desquite con personas u objetos que relacionan directa o indirectamente con la experiencia vivida. En ocasiones las personas pueden tener "experiencias sin resolver". Por ejemplo, una persona que en un momento dado le dijeron torpe por algún trabajo que no realizó como se le indicó puede tener diferentes reacciones. Pueden negar lo que le han dicho e intentar hacer el trabajo porque se pueden decir así mismo que todos cometemos errores, fue la primera vez y no somos perfectos. Pero otra persona puede reaccionar violentamente contra quien le ofende y no intenta hacer el trabajo otra vez. Esta experiencia se puede convertir en una sin revolver cuando la persona decide jamás reintentar el trabajo porque cuando estaba haciéndolo le gritaron "torpe". Éstas experiencias en ocasiones se internalizan de manera inconsciente de manera que cuando se presenta una experiencia similar la persona puede reaccionar con ansiedad, coraje e incertidumbre y quizás no puede explicar el porqué. Es importante que las personas reconozcan que pueden haber tenido una experiencia sin resolver y que si no han podido superarla hasta ese momento deben buscar ayuda profesional. Las experiencias vividas deben quedar en la vida de toda persona como una de crecimiento de manera que podamos reflexionar, pensar y hablar de ella sin que nos provoque ninguna reacción que nos afecte. Es decir, pensar en el pasado de una forma normal.

Los tristes desenlaces de la consejería

Cuando un consejero empieza un proceso de consejería pone todo su empeño para que ese cliente que ha aceptado su ayuda pueda alcanzar su bienestar y, por consiguiente, el de sus familiares y de toda la sociedad. En mis años de experiencia como consejera he tenido muchos éxitos, pero tengo que aceptar que algunos clientes van al proceso de consejería no de forma voluntaria, sino porque algún familiar lo lleva o porque alguien lo refiere. Es bien difícil trabajar estos casos de referido porque en un proceso de ayuda el profesional ayuda si el cliente lo quiere. Ningún proceso de ayuda debe ser obligatorio, salvo cuando son casos extremos o que la misma ley les obliga.

En aquellos casos en que el profesional de ayuda interviene con un cliente utilizando estrategias y técnicas de intervención y el cliente no cambia o decide mantener su comportamiento mal adaptivo, entonces el profesional debe reconocer el punto donde se agotan sus posibilidades de éxito y notificarle al cliente que lo va a referir a otro profesional y si el cliente no quiere indicarle que sus servicios han terminado. Un verdadero profesional no debe mantenerse con un cliente que después de un número razonable de entrevistas o determinado tiempo en consejería el cliente no progresa de acuerdo a los objetivos trazados. No se le hace ningún bien a una persona en una consejería cuando el profesional se siente inútil, cansado, agobiado o hasta amenazado por el cliente. Reconocer estas señales es saludable tanto para el profesional como para el cliente. En ocasiones he tenido que renunciar o referir a clientes, porque siento que no estoy ayudando o porque el cliente necesita otro tipo de intervención donde se puede requerir el uso de medicamentos o una reclusión siquiátrica.

En algunos casos referido para el uso de otras estrategias he sabido que los desenlaces han sido muy tristes. Algunos de estos referidos han terminado en intervenciones judiciales, porque la condición de estos ex clientes los ha llevado al uso de la violencia contra propiedades o personas. En todo proceso de consejería se establecen límites de la confidencialidad y de duración de la intervención, donde el profesional debe advertir que el proceso de consejería se debe dar dentro de un ambiente de seguridad, se advierte que de haber algún tipo de intención de hacer daño, el proceso debe terminar Si el cliente menciona que tiene intenciones de hacer daño a él u otros, o que ha hecho daño a sí mismo o a otros, el profesional debe notificar a las personas concernidas del daño que pueden sufrir. En el caso que el daño sea contra la misma persona se debe notificar a los familiares, o referir para ayuda de los profesionales con otras estrategias. En el caso que el cliente manifiesta hacer daño a otros, el profesional debe parar la consejería y advertir que debe desistir de su intención. Si el cliente continúa su actitud debe notificar la intención de su cliente a la o las persona (s) afectada (s) y a sus supervisores inmediatos.

En una ocasión atendí a un estudiante que se había autoinfligido heridas con un cuchillo y tenía una herida abierta en el pecho porque quería morir ya que su novia lo había dejado. Tan pronto vi la herida me comuniqué con sus padres y estos lo llevaron al hospital para curarlo. Luego los cité para una consejería familiar y les recomendé la ayuda profesional con un siquiatra, pues el joven mostraba señales de depresión e ideas suicidas. El joven no se reconcilió con su novia, pero tuvo otra relación y se casó con su nueva novia con la que procreó un hijo. Además, estudió y trabaja para mantener a la familia.

Miriam S. Velázquez

Los niños y los trastornos de conducta

En ocasiones algunos padres o maestros suelen quejarse y decir "yo no puedo con este niño (a)". Algunas personas que están a su alrededor les pueden preguntar, "si usted no puede con él, entonces quién podrá". Es en ese momento que los padres deben recurrir a los profesionales de ayuda que son especialistas en la conducta y el comportamiento humano. El que un padre reconozca que no puede manejar efectivamente a uno de sus hijos debe ser motivo de preocupación, pero no de culpabilidad. Además, es importante estar consciente de esto porque puede ayudar a que se acuda a los profesionales pertinentes que pueden ayudarlos con evaluaciones y técnicas. ¿Cuáles son los comportamientos más comunes que llevan a que padres exclamen: "no puedo más"? Algunos de estos son: agresividad, peleas continuas, negatividad ante cualquier instrucción o regla, pequeños robos a sus compañeros, padres, maestros o tiendas, rabietas, retraimiento, uso de drogas, entre otros; o, en resumen, "hacen lo que les da la gana". Si la persona a cargo del niño se da cuenta que parece estar confrontando problemas con su conducta, lo más recomendable es acudir a un profesional. Si el niño está en la escuela puede entrevistarse con el/la consejera (a) quien puede ayudarle con sus técnicas o referir a sicólogos o siquiatras en los casos que así lo ameriten.

En Puerto Rico hay muchos niños evaluados con déficit de atención con hiperactividad y agresividad. Algunas veces los niños presentan un tipo de comportamiento de inquietud o falta de control que puede estar relacionado con diferentes situaciones personales o familiares que les están afectando. Por eso un proceso de consejería donde se le da la oportunidad a la persona a

37

autoexaminar sus pensamientos, sentimientos y emociones es importante para posteriormente conseguir las alternativas que puedan solucionar su comportamiento.

En una ocasión tuve un referido de un estudiante que no podía mantenerse en la tarea en el salón. Cuando le pregunté qué le estaba afectando me dijo que había presenciado el asesinato de una persona y que desde ese momento se había tornado nervioso e inquieto, ya que tenía pesadillas y no dormía bien. El joven también se sentía amenazado pues pensaba que el asesino sabía que él lo había visto. Luego de descartar que el asesino le podía hacer daño el joven cambió su comportamiento y terminó satisfactoriamente el curso escolar. También recuerdo otro estudiante que peleaba mucho y que fue referido a mi oficina. En la consejería salió a relucir que el estudiante peleaba porque sus compañeros se mofaban del apellido que se relacionaba con un animal. El estudiante se molestaba porque bromeaban con su apellido, pero el asunto era más profundo ya que el apellido era el de su papá y su mamá le había privado de conocerlo. En una consejería con su madre le pedí ella que le diera información sobre su padre, pero ella no lo quiso. Este joven vivió todo el tiempo buscando respuestas a su existencia y fue tanta su amargura que terminó en las drogas y en problemas con la justicia. Hay veces que los padres guardan secretos que lejos de ayudar a sus hijos les hacen mucho daño. Si usted no está seguro como su hijo reaccionará ante un secreto, busque ayuda profesional.

Miriam S. Velázquez

Los niños y los adultos

Los niños son criados por adultos que pueden tener experiencias sin resolver. Yo defino estas experiencias sin resolver como los momentos, episodios o instantes que impactan la vida de una persona ocasionándoles disfunciones o manejo inadecuado en su diario vivir. Dichas experiencias pueden ocurrir a cualquier edad o durante el transcurso de su vida. Algunas experiencias que ocurren antes del nacimiento o en los primeros años del desarrollo pueden ocasionar serias disfunciones que pueden ser asimiladas como un rasgo de la personalidad. Por ejemplo, un bebé puede padecer de rabietas aun cuando se le trata bien. Hay experiencias que se quedan permanentes en una persona y es por eso que en ocasiones escuchamos a algunas decir: "yo soy así y no hay quien me cambie" o "por más que intento hacer esto o aquello bien, no puedo" o "me disgusta ir a ese sitio y no sé por qué", o "cuando visito este lugar me siento raro" o "no subo por una escalera o ascensor porque me pongo nervioso", entre otras. Todas estas expresiones pueden ser sintomáticos de alguna experiencia frustrante o que no se esperaba o deseaba en un momento dado. Las experiencias de la niñez son acumuladas hasta la adultez. Algunas de estas experiencias tienen un impacto tanto en el niño como en el adulto. Por esto es que afirmo que encuentro poca diferencia entre las actitudes y situaciones que presentan los niños y adultos durante el proceso de consejería.

Ahora, es importante señalar que los niños, por su corta edad, suelen tener menos experiencias que los adultos. Además, a los niños se les hace más difícil hacer abstracciones o generalizaciones de la realidad. Por ejemplo, un niño puede lanzar una bola para jugar, pero también puede hacer lo mismo con una piedra porque quizás no haya internalizado el peligro que representa la piedra y el resultado de su acción. Muchas de estas abstracciones se van obteniendo según transcurre la vida de cada persona; se captan por experiencias propias o de otras personas, modelaje, inferencias o intuición, entre otras. A pesar que los adultos tienen más experiencia que los niños he observado algunas conductas que son comunes a ambos. Algunas de éstas son las siguientes: Les da coraje, se enojan, gritan, pelean (algunas de estas son luchas desiguales como la del esposo contra la esposa o la de un adulto contra un niño). Comunicación no efectiva cuando tienen diferencias con otras personas. Esta comunicación puede ser en forma de chisme. Cumplen inadecuadamente sus tareas. Se desaniman o pierden motivación y no cumplen con sus responsabilidades. Los adultos pueden ausentarse al trabajo y los niños pueden ausentarse a la escuela. Guardan resentimientos y deseos de desquite contra aquél o aquello que no le agradó. Generan altos grados de estrés, se ponen a la defensiva y evaden el diálogo. Pueden tener su autoestima baja. Experimentan estados de depresión que no le permiten funcionar adecuadamente en el grupo al que pertenecen.

Ahora, para un niño puede resultar más fácil reconocer sus dificultades y realizar modificaciones en su conducta. En mi experiencia como consejera he encontrado que, por ejemplo, un niño que peleó con otro puede reconocer que había otras alternativas y que pelear no fue la mejor alternativa, puede perdonar y aceptar al compañero que peleó como su amigo. En los adultos este proceso es más difícil, pues estos tienden a crear resentimientos y a no perdonar. Tanto niños como adultos pueden presentar dificultades para manejar efectivamente un problema que puede ser causado por una experiencia sin resolver. Lo importante es reconocer el problema y buscar la ayuda profesional.

Miriam S. Velázquez

Los niños y el divorcio

El divorcio es un grave problema que enfrenta la sociedad puertorriqueña. Las estadísticas indican que más de la mitad de las parejas que contraen matrimonio terminarán en divorcio. Se suma a esto el auge de matrimonios jóvenes que, por su corta edad, viven separados en casa de familiares; y el aumento en las madres solteras. El divorcio puede impactar a los niños de diferentes formas y ocasionar cambios en la conducta y el comportamiento. Debo comenzar explicando que los niños pertenecen a un grupo familiar que debe satisfacer sus necesidades biológicas y emocionales para alcanzar un desarrollo adecuado. Toda persona debe sentir que pertenece a algo o alguien. Cuando hay un divorcio, por lo general, el padre se aleja de la familia y la madre asume la custodia. Cuando uno de los dos padres se va el niño puede desarrollar una pérdida afectiva por la ausencia del padre o la madre. Como consecuencia de esto se crea de una necesidad afectiva la que, dependiendo de las experiencias pasadas agradables o desagradables con la persona, puede desarrollar algunas situaciones de comportamiento inadecuado.

Si la relación afectiva con el padre o madre que se alejó del grupo familiar era buena y llenaba a cabalidad sus necesidades afectivas entonces esta separación puede traer tristeza, llanto, angustia, resentimientos, depresión, estrés, deseos de "desquite", ideas suicidas o intentos suicidas. En algunos niños que en su pensamiento nunca pensaron que sus padres se podían separar puede reflejarse esa necesidad afectiva en un pobre desempeño escolar, agresividad o peleas constantes, pequeños robos, retraimiento, problemas en el sistema digestivo y baja autoestima.

En la adolescencia pueden llegar al uso de drogas o ingresar a grupos delictivos. En ocasiones algunas de esas conductas no se manifiestan inmediatamente después de la separación de la persona del grupo afectivo por lo que puede ser difícil al padre y, hasta el profesional, brindarle ayuda. En otros casos los niños no saben expresar o comunicar lo que les pasa y no pueden controlar su comportamiento ni lo pueden asociar al divorcio.

¿Qué se puede hacer en estos casos? En primer lugar, se necesitan una o varias consejerías individuales con el niño para ayudarlo a que entienda qué le pasa. Es importante auscultar si se siente culpable por el divorcio de sus padres. Algunos niños pueden pensar de esa manera por conversaciones que hayan escuchado de sus padres u otras personas o por sus propias percepciones. En segundo lugar, el consejero puede solicitar la presencia de los padres para tratar de reunir datos y dar asesoramiento que pueda ayudar al niño afectado. Algunos niños pueden traer como alternativa el establecer alguna comunicación con la persona que se alejó del grupo familiar. Esta medida en ocasiones da resultado inmediato si el encuentro reúne las expectativas del niño. Ahora bien, el divorcio no siempre afecta a algunos miembros de la familia. Hay veces que la felicidad de uno o más integrantes de la familia comienza con la separación. Por ejemplo, si un niño se sentía amenazado o maltratado por un miembro del grupo familiar, la separación de éste puede representar su felicidad. De cualquier manera, si un niño presenta una situación que no pueda manejar efectivamente hay que buscar ayuda de un profesional. Brinde amor, apoyo y evite cualquier tipo de maltrato.

El día que clamé a Dios

De todos los casos que he atendido el relato que voy a narrar
quizás fue el más que me impactó como consejera porque llegó el
momento en que ya no supe qué hacer para ayudar a una madre
que me pedía ayuda. Este joven fue referido a mi oficina por su
conducta. El joven había bajado sus notas, cortaba clases y
desafiaba a padres, maestros y a cualquier persona que le
ofreciera resistencia. El joven tuvo en una ocasión una pelea que
si no llega la policía a intervenir inmediatamente, hubiera
acabado con su opositor.

En la primera entrevista que tuve con el joven se mostró
sumamente agresivo con su madre. Le pregunté por su padre y
ésa parecía ser la causa de su coraje, pues el joven guardaba
resentimiento porque su padre se había divorciado para casarse
con otra mujer. El manifestó en consejería que si él entendía que
alguien le quería hacer daño él le respondería con golpes o con lo
que sea. Le pregunté si me había incluido en su afirmación y me
dijo que sí. Al terminar esta sesión me quedé con la madre sola y
le aconsejé que nunca le diera la espalda porque el joven era
como un león y que le podía hacer daño en un momento de
coraje. La madre me confesó que en una ocasión intentó agredirla
con un palo. La información que la madre compartió conmigo

indicaba que el joven se graduó con altos honores en el nivel intermedio, pero cuando llegó al nivel superior su promedio llegó a niveles muy bajos. El joven indicó que había usado drogas para aliviar el dolor que sentía por la separación de sus padres. La conducta agresiva de este joven fue escalando al nivel de llegar a asaltar en un negocio con revólver en mano. Fue recluido en una institución para menores donde cumplió un tiempo internado. El estudiante regresó a la escuela y protagonizó una situación donde se decide citar tanto a la madre como al padre. En esta reunión los padres, el director y yo le dimos diferentes consejos y alternativas para que cambiara su comportamiento, pero el joven se mantenía terco e intransigente. En esta ocasión fue que decidí utilizar un clamor a Dios para que Dios ayudara a aquél joven y lo alejara del mal. Casi nunca utilizo conceptos religiosos en la consejería, pero ante las reacciones tan violentas de aquel joven me pareció que estaba poseído por algún demonio y que sólo un exorcismo podía cambiarlo. Ese fue el día en que clamé a Dios para que ayudara a aquel joven (pero aun así a este joven lo internaron nuevamente en una institución para menores).

Cuando los padres no saben dar amor

El amor es un sentimiento importante en toda relación de los seres humanos. Todos en menor o mayor medida necesitamos afecto para poder vivir. Desde que los niños están en el vientre de la madre comienzan a recibir estímulos desde el exterior y de su propia madre. La conexión más fuerte que tienen los fetos con su madre son los latidos del corazón. Por esta razón cuando el bebé es cargado por otra persona éste puede reflejar incomodidad o llorar porque percibe que ya no está con la persona que primero conoció a través de los latidos del corazón mientras estaba en el útero. Los seres humanos hacemos diferentes conexiones emocionales con las personas; madre, padre, hermanos, novios, amigos y otros familiares. Los niños desde que nacen reciben el amor y la educación de sus padres. Hay quienes no pasan por esta experiencia debido a que en nuestra sociedad tenemos un porciento alto de madres solteras, madres divorciadas que crían solas a sus hijos. Otros niños menos afortunados nunca conocieron a su mamá, a su papá o a ninguno de los dos.

En ocasiones he atendido situaciones donde los hijos claman a sus padres que les brinden amor y atención porque necesitan ese afecto. Es aquí cuando cito a los padres para indicarles las necesidades de sus hijos. Les pido que les den un abrazo o un beso a sus hijos y algunos me indican que no pueden. Se les hace difícil demostrar afecto porque me dicen que nunca recibieron afecto de sus padres. Algunos padres de hoy cuando fueron niños, aunque se criaron con sus padres no recibieron ese afecto. Otros se criaron con familiares como tías, abuelos y hasta en hogares sustitutos. Algunos jóvenes que manifiestan rebeldía en la etapa de adolescencia en el proceso de consejería pueden manifestar su inconformidad con la vida porque la vida les negó la oportunidad de conocer o convivir con su padre o madre. Esta ausencia de los seres que les dieron la vida se puede considerar como una pérdida, aun cuando los padres estén vivos. El adolescente lo interpreta como pérdida porque estos han estado ausentes de sus vidas y es como si estuvieran muertos. Otros pueden manifestar estados depresivos porque siente que les falta algo importante para vivir.

Recuerdo a una estudiante que la llevaron a mi oficina porque estalló en llanto en el salón. La joven se había criado con su abuela desde los tres años por lo que no podía recordar a su mamá. En consejería decía que si la encontraba algún día sería para reclamarle su abandono. Después de dos consejerías decidí pedir autorización a la abuela para referirla al siquiatra, no sin antes pedirle permiso para buscar a la madre. La abuela no tenía muchos datos de la madre pues sólo se sabía que vivía en algún lugar de Puerto Rico y trabajaba con el gobierno. Con ese dato logré localizar la madre y cité a la estudiante con la abuela para una consejería familiar. En la consejería familiar la madre le indicó a su hija que nunca regresó porque no sabía cómo expresar su amor hacia ella y por miedo al rechazo de ésta. Al principio la joven rechazó a su madre y le dijo todo lo que había sufrido, pero al final se abrazaron, se besaron, lloraron y se perdonaron. Prometieron no olvidarse ni separarse jamás. También la madre le prometió presentarle a los otros hermanos que no conocía ya que ella había tenido otro matrimonio donde había procreado otros hijos. Después de este encuentro la joven asistió al siquiatra quien afirmó que la joven estaba bien emocionalmente. Después de esta experiencia familiar no volvió a tener ataques de llanto. Aunque lo pasado es pasado y no se puede reconstruir, algunos vacíos afectivos se pueden cerrar si se perdona y resuelven experiencias pasadas. Exhorto a los padres que se divorcian o separan de sus cónyuges que no se separen de sus hijos y mantengan lazos afectivos con sus hijos porque así tendremos jóvenes emocionalmente estables y, por ende, una sociedad en paz.

Mami dame un abrazo

Abrazar a una hija podría resultar un asunto muy sencillo para cualquier madre pues estaría abrazando al ser que cargó en su vientre por nueve meses; pero cuando una madre ha tenido experiencias sin resolver durante la niñez la historia puede ser muy diferente. Aunque parezca insólito o increíble atendí una joven que a sus 15 años ya no quería estar en la escuela y su comportamiento era de dejadez por el estudio y por sí misma. A los 13 años ya había estado con un joven con el cual convivió por algún tiempo para luego regresar al lado de su madre. Como la joven presentaba una conducta inapropiada en la escuela tales como cortes de clases y bajas notas cité a su madre para buscar soluciones. En la entrevista la joven planteó que toda su conducta se debía a que su madre no le daba el cariño que ella quería. Luego de hablar con la madre ella indica que nunca tuvo cariño de madre y que se le hacía difícil darles amor a sus hijos. La hija lloró desconsoladamente en la entrevista y le rogó a su madre por un abrazo, su madre lo intentó y ya cuando estuvo a punto de hacerlo se arrepintió.

Esta historia demuestra como los padres necesitan evaluarse y buscar ayuda profesional, porque algunos problemas de sus hijos pueden venir de las actitudes frías que demuestran sus padres, que a la misma vez, son resultado de sus experiencias negativas o experiencias sin resolver durante la niñez de estos. La joven siguió en la consejería para poder comprender que su madre había sufrido mucho y que también necesitaba ayuda.

Las familias reconstruidas

La sociedad puertorriqueña tiene una estadística de más de un cincuenta por ciento de divorcios, de cada dos familias que se casan, una fracasa en su matrimonio. Esta cifra indica un gran problema social, pues la situación del divorcio presenta muchas consecuencias. Como consejera he atendido muchos jóvenes que viven con familias reconstruidas. Se les llaman así a aquellas familias en las cuales uno de los cónyuges se ha divorciado y se ha vuelto a casar. En la mayoría de los casos hay hijos que pertenecen sólo a uno de ellos, así como hijos que son producto de ese nuevo matrimonio.

En las familias reconstruidas se dan nuevas relaciones sociales. Los hijos de la esposa serán los hijastros del esposo, y los hijos del esposo serán los hijastros de la esposa. Puede suceder que los hijos de cualquiera de las parejas no convivan bajo el mismo techo, ya que la custodia pertenece a la ex-cónyuge, pero en momentos dados pueden coincidir todos si hay custodia compartida. ¿Quién debe llevar la disciplina de los menores en una familia reconstruida? La respuesta es que debe ser el padre o madre biológica, o sea quien los parió o engendró. Los hijos resienten menos las medidas disciplinarias cuando éstas vienen del padre o madre biológico que cuando las toman su padrastro o madrastra. Debe recordarse que a una familia reconstruida llegará una persona que es un extraño para los hijos del otro. Es necesario generar una relación familiar de respeto y amor y ganarse la confianza de los hijastros antes de intentar disciplinarlos. Aproveche todas las oportunidades para darse a conocer como un ser de mucho apoyo, unidad y amor. Es el padre / madre biológica quien ha generado y aplicado las reglas de disciplina a sus hijos. El padrastro o madrastra no necesariamente tiene las mismas reglas, o las puede aplicar de forma diferentes. Además, aunque sean iguales, los hijastros podrían rechazarlas sólo por poner a prueba al extraño que entró a su vida que quiere ocupar el espacio de su padre o madre, biológica, pero que para los hijos no biológicas les va a costar mucho trabajo o, simplemente no lo logrará. Los hijastros pondrán a prueba a su padrastro o madrastra parte del tiempo, si no todo el tiempo. Se dedicarán a buscar todo aquello que moleste al padrastro o madrastra para ver sus reacciones. Si estos reaccionan de forma violenta y poco comprensiva estos crearán resentimientos y, entonces, tratarán de desarrollar acciones para disolver a la pareja. Esta situación es sumamente difícil pues el padre o madre biológico quiere mantener el matrimonio, ya que viene de un divorcio y tiene la expectativa de que este nuevo matrimonio sea exitoso.

Si los niños/as de la familia reconstruida son castigados física o emocionalmente, estos pueden guardar estas experiencias hasta que sean suficientemente fuertes para lastimar a quienes los lastimaron en su infancia y juventud. Mientras tanto, tratan de sabotear o desquitarse realizando acciones incorrectas o exhibiendo conducta inapropiada. Este tipo de conducta puede llegar a realizarse de manera inconsciente presentando actitudes defensivas. Toda esta situación va deteriorando la relación de pareja. También hay que añadir que muchos niños no logran entender por qué sus padres se divorciaron y tienen la esperanza de que sus padres naturales se reconcilien y se vuelvan a casar. Si difícil es la relación de una pareja con sus propios hijos, más difícil es la relación cuando se da en una familia reconstruida. Algunos podrían pensar que al casarse por segunda vez podrá generar una familia más estable porque se tiene la experiencia del matrimonio anterior, pero en realidad el porciento de divorcios en las familias reconstruidas es mayor que en las casadas por primera vez. Muchas veces atiendo jóvenes de familias reconstruidas cuando empiezan a presentar conductas inapropiadas en la escuela, como por ejemplo, no seguir las normas establecidas, pelear, cometer vandalismo o bajar sus notas. El descontento que viven en sus hogares lo manifiestan con conductas agresivas en su escuela. Es necesario que para tener familias reconstruidas más estables y emocionalmente saludables, se debe establecer que la disciplina (no castigo físico ni emocional) debe dejarse a cargo del padre o madre biológico de cada niño/a que allí convive. En segundo lugar, debe crearse una atmósfera de diálogo y cordialidad entre todos los miembros de la nueva familia. Los niños deben ser respetados, al igual que los adultos. Tercero, establézcanse las tareas que le corresponden a cada cual tratando que todo sea dentro de la capacidad y edad de cada miembro. Exigir a un niño una tarea que está por encima de su edad se puede considerar maltrato. Cuarto, nunca se debe castigar física o emocionalmente. Las huellas del maltrato quedan impresas para toda la vida del joven o adulto y son muy difíciles de borrar. Y, por último, hay que dar mucho amor. Si los miembros de la familia son afectivos y amorosos podrán ganarse el afecto de los hijastros y, quizás, tenga una paz que a menudo es tan difícil de conseguir en el atribulado mundo de hoy día.

La comunicación entre padres e hijos

En consejería atiendo situaciones de comunicación que afectan a padres e hijos. Los elementos que se utilizan para transmitir ideas, pensamientos y emociones es lo que se define como comunicación. Se puede dividir la comunicación en verbal y no verbal. La primera corresponde a toda expresión que hacemos cuando usamos la palabra y la no verbal corresponde al uso de diferentes partes del cuerpo para la expresión. En la comunicación verbal se unen el tono de la voz, el volumen, las palabras amables, las hirientes, la ironía y las malas palabras. No es lo mismo decir "mi amor" en tono suave y agradable que un "mi amor" en tono alto y cargado de ironía.

Nuestro cuerpo transmite mensajes. Se ha documentado que el puertorriqueño tiene una cultura muy dada a utilizar los toques y expresiones de la cara y el cuerpo para comunicarse. Somos de los primeros en el mundo en la comunicación no verbal. Somos muy dados a tocar, a guiñar, a torcer la boca, manotear, mover el cuerpo de lado a lado, mover la cabeza, abrir y cerrar los ojos. Este tipo de comunicación ha llevado a que algunos profesionales que no conocen la cultura puertorriqueña a hacer diagnósticos sicológicos equivocados de los puertorriqueños. En la buena comunicación es bien importante para mantener buenas relaciones interpersonales. En ocasiones he atendido consejerías familiares con padres e hijos donde los primeros alegan que los hijos no les hablan. Durante el transcurso de la consejería, los hijos indican que no vale la pena la comunicación porque nada se resuelve.

Para que la comunicación fluya es importante escuchar; y para lograrlo es necesario que el padre deje que su hijo se exprese sin interrumpirlo, y luego el padre exprese sus ideas manteniendo la calma. Otra alternativa es pedirle al hijo soluciones para la situación que éste plantea. Si ambos están de acuerdo se aceptan las soluciones y ahí termina el conflicto. Si, por el contrario, las alternativas no son del agrado de ambos, entonces se negocian otras soluciones. Cuando hablo de "negociar" no necesariamente implica una transacción económica, sino llegar a un acuerdo mediante una buena comunicación. Un consejo bien importante es que si usted quiere que su hijo trabaje no le diga que es un vago. Si usted comienza de esta forma estará bajándole la autoestima a su hijo/a y, segundo, él puede racionalizar que los vagos no trabajan, por lo tanto, usted está inmovilizando a su hijo. Los hijos pueden internalizar ciertas palabras o expresiones que se pueden convertir en "profecías de confirmación". Esto es cuando una persona se cree una idea hasta que la idea se convierte en lo real. "Si me dicen que soy vago, entonces no hago nada." Cuando se demuestra a los hijos que se quieren con expresiones de amor, estos son más cooperadores y dispuestos a ayudar y algunas veces de forma voluntaria. Es necesario eliminar el coraje, los insultos, el rechazo y el maltrato físico o emocional si queremos una buena comunicación con los hijos. Mantenga la calma y la paciencia. Si su hijo no responde a sus peticiones de acuerdo a su edad, entonces, consulte a un profesional de ayuda. El silencio como técnica que puede ayudar en algunas ocasiones. Si se utiliza para escuchar a sus hijos y darles el espacio para que reflexione, es buena, pero si se utiliza para ignorar es mala. Sus hijos reconocerán cuando lo utiliza para uno u otro fin. Sea sincero y franco con sus hijos, éstos se lo agradecerán. No les diga que terminarán usando drogas porque pueden terminar haciéndolo.

He tenido situaciones de jóvenes que me dicen que eso era lo que quería su padre. Tal parece que no escuchan el NO uses drogas e internalizan "vas a terminar usando drogas". Si va a decir algo a su hijo, dígalo sinceramente, con calma, con mucho amor y positivamente. Si cree que no es capaz de hacerlo, espere a cuando se sienta bien. Si lo que va a comunicar a su hijo cree que le va a afectar, entonces, guarde silencio, así no tendrá que arrepentirse. Comuníquese bien con sus hijos y tendrá hijos comunicadores.

La drogadicción tiene un origen familiar

Un problema que nos preocupa a todos es la adicción a drogas. Muchos otros problemas emanan a su vez de éste, tales como robos, escalamientos, asaltos y asesinatos. Este problema también está presente en escenarios como las escuelas. Es responsabilidad de todos los educadores, especialmente de los consejeros, proveer información y ofrecer orientaciones para prevenir dicho mal. En mis años de experiencia no he tenido que atender muchos casos de estudiantes adictos a drogas y, la mayoría que han pasado por mi oficina, han estado en las etapas iniciales por lo que ha sido fácil su intervención y rehabilitación. Puedo afirmar que la drogadicción tiene una razón u origen familiar. Esto es así porque cuando ausculto con los clientes que he tenido en mi oficina, me dicen que la comunicación con sus familiares es mínima o ninguna. Todos los casos que he tenido fueron varones que no contaban con una figura paterna que les sirviera de modelo. Algunas familias que tienen hijos con problemas de drogas que cuentan con su padre y madre biológicos tienen problemas serios de comunicación o la disciplina es a base de castigos físicos o sicológicos. En las familias reconstruidas en las que sólo uno de los padres es biológico y el otro es solamente de crianza, la comunicación, puede ser no efectiva y la interacción familiar no adecuada.

Recuerdo a un joven que atendí que me contó cómo desde pequeño comenzó a frecuentar los lugares donde se vendían drogas, guiado por un adulto que no era pariente. Desde pequeño comenzó a manejar armas y a cobrar deudas. Su vida fue un manojo de experiencias desde los nueve años (demasiadas experiencias a tan corta edad). Cuando le pregunté sobre sus experiencias con juguetes, no pudo recordar nada y concluyó diciendo que no había tenido juguetes. Este joven vivía con su padre y su madre, pero alegaba que su papá no hablaba con él, no lo acompañaba a jugar y, más importante, no podía recordar ni un beso ni un abrazo de él. Cité a toda la familia para trabajar este caso con un enfoque familiar. En el proceso de consejería se examinaron los sentimientos del padre, madre y sus dos hijos (incluyendo el usuario de drogas). La madre era religiosa y asistía con su esposo y otros dos hijos a la iglesia; no así el joven cuyo caso estaba analizando. Lo interesante de todo esto es que cuando llegué a la parte afectiva porque el hijo reclamaba que su padre nunca lo había besado ni abrazado, el padre comenzó a llorar. Al relatar su vida, éste me contó que no se crió con sus padres, sino con su abuela y que desde pequeño sólo conoció el trabajo duro, la disciplina y el castigo físico. Pedí al padre que abrazara a su hijo, lo cual hicieron mientras irrumpieron en llanto. Después de esta consejería, el joven abandonó las drogas e ingresó en una iglesia cristiana. Un año más tarde entrevisté al joven quien me indicó que su padre se había suicidado ingiriendo una sustancia que le destrozó todos los órganos internos. Nunca se supo la razón para el suicidio. Aunque parece una novela fue una trágica realidad y aquel padre necesitaba igual o más ayuda que su mismo hijo. Por eso sostengo mi posición que la adicción a drogas tiene un origen familiar. Mis recomendaciones para evitar la adicción a drogas son las siguientes:

No castigue físicamente a sus hijos. El castigo físico lo recordarán para siempre.

No castigue sicológicamente a sus hijos. Si toma medidas para modificar la conducta nunca deje de hablarles ni amarles.

No "cantaletee". Los niños y los jóvenes oyen las primeras oraciones. Luego desarrollan una pared sicológica para no escuchar nada más. Sea conciso y preciso cuando hable con su hijo y tendrá mejores resultados.

Dialogue. Dialogar es hablar y escuchar. Llegue a acuerdos con sus hijos.

Revise las normas. A medida que los niños crecen se deben modificar las reglas para ajustarlas a su edad y etapa de desarrollo.

Si le llama la atención a su hijo por haber fallado a una regla, hágalo cuando no tenga coraje, pues puede decir cosas que después tenga que arrepentirse. Es importante no enojarse y mantener el amor a su hijo siempre.

Asigne tareas que vayan de acuerdo a su edad y preferencia. Utilice esta técnica y verá como algunos seleccionan tareas domésticas como fregar o lavar su ropa.

No regañe a sus hijos delante de otros. Hágalo en privado y sin herir sus sentimientos.

Esté atento a los cambios físicos y de desarrollo de su hijo y háblele sobre el sexo y de los cambios sexuales.

Si habla sobre drogas no lo haga como si lo estuviera acusando de usar drogas. Tampoco le diga que usará drogas si hace tal o cual cosa. Esto se puede convertir en una "profecía de autoconfirmación", esto quiere decir, que el joven internaliza lo siguiente: si ya mi padre o madre cree que uso drogas, pues la uso si de todas maneras mi padre o madre lo cree así.

Desarrolle una autoestima saludable en su hijo. Evite lastimar su imagen personal. Evite las comparaciones con los otros hermanos, amigos o conocidos. No ponga sobrenombres ni se burle de sus hijos. Siempre piense que ellos podrán hacer las cosas y que serán personas de provecho en esta sociedad.

Si hay divorcio, mantenga la relación afectiva con el padre o madre ausente. Los niños y adolescentes necesitan ese contacto afectivo con sus padres especialmente durante el inicio de la adolescencia.

Y por último, siempre AME a sus hijos y demuéstreles su amor.

Cuando los padres pierden el poder

En el ámbito escolar los consejeros trabajamos muchas situaciones en que, de una forma u otra, necesitamos la colaboración de los padres. La consejería familiar es una intervención eficiente para lidiar con la solución de los diferentes problemas que afectan a los estudiantes con el fin de buscar una solución. Para la consejería familiar es necesario reunir a los padres junto a su hijo de manera que todos puedan entender los factores que están afectando el comportamiento y así pueden colaborar para ayudar en la estabilidad del estudiante afectado. Muchos padres participan activamente en la consejería familiar, y traen información y alternativas que contribuyen a que su hijo salga de la situación que le afecta, casi inmediatamente.

En ocasiones los hijos sólo piden a los padres un poco de amor, atención, que los escuchen o que les permitan tomar decisiones. El consejero es importante porque ayuda, facilita o media para que los padres aprendan a descifrar lo que sus hijos les quieren decir cuando actúan de cierta manera. En la consejería familiar el consejero ayuda al padre a tomar acción positiva para que sus hijos puedan resolver su situación utilizando las alternativas propuestas por todos. Algunas veces llegan padres que me indican, "no puedo con ese muchacho". Los escucho con detenimiento y les voy ayudando a que recobren el poder. Ese poder entender que todavía quedan alternativas que bien pueden ayudar a sus hijos a mejorar su situación. En ocasiones, cuando los padres pierden el poder recurren a la policía o a las agencias legales para buscar ayuda, lo cual le puede enviar un mensaje negativo al joven. Este puede pensar que su padre/madre lo considera un delincuente y, si no lo era en ese momento, puede empezar a actuar como tal. Así la acción del padre/madre se convierte en una "profecía de autoconfirmaciòn".

Aconsejo que antes de recurrir a una intervención policial con sus hijos busquen ayuda con un profesional de la conducta humana (sicólogo, consejero o siquiatra). El modelo de las profesiones de la conducta humana puede ser la mejor alternativa. Además, mantenga el diálogo, la calma y mucho amor con sus hijos. Recuerde "después del huracán viene la calma".

Castigo psicológico

Los padres educan a sus hijos para que éstos respondan de acuerdo a las normas establecidas en su hogar y en la sociedad. La mayoría de ellos utilizan el diálogo y el convencimiento para lograr que sus hijos entiendan cuando han hecho algo que no esperaban. Cuando los hijos no responden los padres pueden recurrir al castigo sicológico o físico para que sus hijos entiendan lo que han hecho, y así cambien su comportamiento. El castigo sicológico puede utilizar la comunicación verbal o no verbal. En el lenguaje verbal se pueden utilizar palabras corrientes y convincentes con un diálogo normal, pero también se pueden usar palabras hirientes, insultos, humillaciones, vejaciones, ironía, entre otros. La ironía puede ser una forma cruel porque puede utilizar lenguaje agradable, de alabanza o adulación, pero en forma de burla porque lo que se dice es precisamente lo que no es. Por ejemplo, decirle a una persona "¡qué inteligente eres!", cuando el hijo comete muchas torpezas que ya previamente se le han señalado es una ironía. Estos comentarios son peligrosos y humillantes. El castigo sicológico puede utilizar la comunicación no verbal, esto es, no se usan palabras, sino gestos, señas o el silencio. Los seres humanos pueden expresar disgusto, desprecio, repugnancia, odio, resentimiento, entre otras expresiones para ser irónicos. He escuchado gente decir, que una persona la miró de tal manera que "si las miradas mataran" la hubiese matado. Por lo que una persona que desea castigar a otra persona puede expresar miradas de disgusto o rechazo. Se puede utilizar la expresión de la boca o cara para indicar desaprobación. También se puede utilizar expresiones utilizando el cuerpo para castigar sicológicamente. Algunas personas perciben rechazo cuando llegan a un grupo y las personas se levantan o se van, o simplemente no le corresponden en una conversación. También le pueden mirar de forma despectiva. Esta es una forma cruel de castigar a una persona, ya que le puede causar otros trastornos sicológicos. Tanto las expresiones verbales como las no verbales pueden lastimar la autoestima del niño y su relación afectiva con las personas. En situaciones que he atendido he encontrado que las personas que tienen experiencias sin resolver han sufrido castigo sicológico y se les ha lastimado su autoestima. Si a esto se le añade, carencia afectiva de la persona las consecuencias podían ser serios trastornos de conducta incluyendo la de tipo delictivo. En la modalidad del castigo sicológico de índole verbal, se puede inferir que la persona puede estar prediciendo en forma desagradable el futuro de la persona. Por ejemplo, "tú no vas a llegar a ningún lado", "tú vas a ser un delincuente", "tú eres un bruto o tarado", "tú vas a terminar en la cárcel", "tú vas a terminar usando drogas", "tú vas a ser una prostituta", etc. En ocasiones la persona puede sentirse tan humillada con estas expresiones que pueden pasar por estados depresivos que la inmovilizan y, a la larga, termina siendo lo que le dijeron. Las expresiones que lastiman afectivamente a las personas se deben eliminar. No sirven para transformar conductas. Si hay que señalar que la persona ha realizado algo incorrecto se debe señalar la conducta y no a la persona. No se debe decir que la persona "es un tarado" cuando ésta ha cometido un error mientras está aprendiendo algo nuevo. Todos los seres humanos cometemos errores y de los errores se aprende. Las personas que reciben castigos sicológicos pueden llegar a tratar de desquitarse con ellos mismo o con otras personas. Las medidas que utilizan pueden ser tan drásticas como la violencia contra ellos mismos (suicidio) o agresiones verbales o físicas contra otros. Algunos padres recurren al castigo sicológico porque sus padres lo utilizaron contra ellos convirtiendo esta acción en una cadena que se puede repetir por generaciones.

El diablo te lleve

En una ocasión atendí a un joven adolescente que peleaba mucho y siempre estaba inquieto en el salón. Su comportamiento era tan difícil que sus maestros no podían controlarlo en el salón. En consejería él aceptó que no podía entender que su padre usara drogas, y él mismo lo había comprobado. La drogadicción del padre afectaba a su familia porque había muchas discusiones con su madre, y el dinero no daba para cubrir sus necesidades básicas. En una ocasión se citó a la madre a la oficina de la directora donde también estaba una maestra con la que había tenido un acto de indisciplina en el salón. La maestra generó tanto coraje que al finalizar la entrevista en la oficina de la directora le dijo al joven "el diablo te lleve". Esta frase fue tan fuerte para un joven de 11 años que el joven me manifestó que quería suicidarse. Tuve que darle mucho apoyo y se solicitó la ayuda de sus familiares. También se le sugirió la ayuda sicológica. El joven quería internarse en un hogar sustituto, pero no fue admitido. Este joven tuvo muchos tropiezos en su vida. Como adulto tuvo problemas. Fue procesado por la venta de drogas y actualmente cumple condena de cárcel. Tal parece que aquellas palabras se quedaron en él para siempre...

Carta de una estudiante para ayudar al suicida

Hola: Te escribo esta carta para darte un mensaje. Soy una joven al igual que ustedes. No crean que le estoy dando un sermón. Yo he tropezado mucho en mi corta vida. Perdí a mi mamá y sólo tengo a mi abuela, pero de nada me sirve porque yo misma me valgo. Mira y oye que he sufrido por el rechazo de la gente y por los problemas. Bueno, yo he llegado al punto de querer suicidarme. Pensaba que la vida mía no tenía valor, que yo no valía nada. Siempre estaba muy afligida y no estudiaba. Además, faltaba a clases y me pasaba molestando a todos, pero cuando dije "Ya basta, no aguanto más", "Me voy a matar", "Todos me odian". Pero en ese momento llegó mi verdadera amiga. Me dijo: "¿Cómo vas a hacer eso?" "Es que nadie me quiere". "No digas eso, yo te quiero, tú eres mi amiga". Le dije "Pues yo también". Mi conclusión es que: "Yo pienso, que si tienes problemas busca a alguien en quien confiar porque si te matas eres un idiota. Sólo les digo que el mejor amigo de uno es uno mismo.

Una amiga.

La joven que escribió esta carta vivía atormentada por sus pensamientos, pues ella pensaba que todos se mofaban de ella por su apariencia física (tenía sobrepeso). En una ocasión en proceso de consejería se metió debajo de mi escritorio de una manera que nunca lo pude entender, pues lo hizo tan rápido que no me dio tiempo a impedirlo. Para sacarla de allí ella y yo pasamos mucho trabajo. La joven dejó la escuela, pero obtuvo su grado en otro programa y obtuvo un trabajo.

Castigo físico

En muchos hogares los padres utilizan el castigo físico o corporal como un método para cambiar la conducta de sus hijos. Muchos utilizan el castigo físico cuando se cansan de dialogar, sermonear, o insultar a sus hijos. Cuando se les agota la paciencia o cuando no tienen otras técnicas. En la mayoría de las veces quien utiliza el castigo físico cree haber logrado su objetivo de transformar la conducta de sus hijos. Un padre que desea que su hijo haga un trabajo asignado inmediatamente puede recurrir a darle una palmada a su hijo por no responder cuando se le indica. Puede que logre su objetivo inmediatamente, pero luego pueden surgir otras conductas más inapropiadas que la que se quería eliminar.

Yo he atendido niños que han sido castigados físicamente por no obedecer y después aparecen con otras conductas inapropiadas que no tenían antes como son: pelear, baja autoestima, timidez, mostrarse huraños y ser poco sociables. Además, puede crear resentimientos, poca comunicación entre el niño y el adulto y, sobre todo, la persona que castiga; al así hacerlo le está transmitiendo al niño que una manera de resolver los problemas es agrediendo físicamente a otros. Algunos padres piensan que utilizar el castigo físico no tiene mayores consecuencias porque ellos recuerdan que los castigaron físicamente y que eso les ayudó a ser lo que son hoy día. Yo les pregunto si no fue que junto con el castigo físico hubo otros incentivos o experiencias que les ayudaron a superarse y neutralizaron el afecto adverso del uso de este método. El castigo físico es un método que se ha utilizado por generaciones, pero la realidad es que su uso se ha prohibido debido a consecuencias fatales con los niños. En nuestra sociedad está prohibido y el utilizarlo constituye un delito, pero muchas personas han decidido continuar con dicha práctica. Puedo asegurar que el uso del castigo físico tiene efectos negativos porque he podido observar niños y jóvenes con moretones, protuberancias en la cabeza, huesos rotos y hasta cicatrices que jamás se borrarán. Hay ocasiones en las que los niños no han sobrevivido al castigo físico, porque éste ha terminado con su vida. Los moretones y protuberancias se eliminarán, pero el recuerdo y el daño sicológico permanecerá en la historia de cada niño maltratado.

Los que educan a los niños justifican su uso porque con ellos lo hicieron y no son disfuncionales. La alternativa al castigo físico es educar y enseñar al niño a retribuir el daño que haya hecho y pedirle responsabilidad por su conducta. Insisto en la sustitución del castigo físico porque éste deja huellas sicológicas que, en ocasiones, son imborrables y se traducen es disfunciones que las pueden reflejar en cualquier momento o aspecto de sus vidas. En ocasiones algunos niños que han sufrido castigos físicos toman medidas drásticas como abandonar el hogar o amenazar con suicidarse con el propósito de evadir el castigo físico. Un ejemplo de esto fue el caso dos jóvenes que después de salir de la escuela no regresaron a sus casas. Las madres informaron a la policía para la búsqueda de ellas, pero éstas no aparecían. Ya había oscurecido y éstas decidieron salir de su escondite porque se habían refugiado en un pastizal cercano a sus casas y a un río, pero les dio mucho miedo. Las jóvenes prometieron no volver hacer lo que hicieron, pero se les orientó a las madres a no utilizar el castigo físico como medida para cambiar conductas.

En otra situación un joven me enseñó las cicatrices en su cuerpo producto del castigo físico que su madre le había propinado porque había hecho algo inadecuado, pero como tenía coraje con otra persona descargó toda su furia contra su hijo. Resulta que la madre había recibido una queja de la escuela que su hijo no había llevado la libreta. La madre alegó que le pegó suave para que siguiera las normas, pero como tenía coraje no se había percatado del daño que le hizo. Cuando se pega con coraje la persona pierde la capacidad de saber lo que está haciendo. Posteriormente este joven tuvo problemas con las drogas y la justicia. Definitivamente, muchos niños que manifiestan conductas inapropiadas han sido castigados física o sicológicamente. Lo deseable para un padre es que sus hijos sean modelos de buena conducta en la sociedad y que puedan disminuir o cambiar ciertas conductas inapropiadas. Los padres deben ayudar a sus hijos, pero sin afectarlos física ni emocionalmente. Es importante educar con amor. Siéntese con calma y sosiego y dialogue con sus hijos cuando estos no manifiesten comportamientos adecuados. Pregúnteles a qué se debe su conducta y pídales la opinión de cómo ellos pueden mejorarla. Otro ejemplo de las decisiones que toman los niños como respuesta a los castigos fue una niña que había amenazado a sus padres de irse de su casa si le volvían a pegar. En el proceso de consejería se le preguntó qué podían hacer sus padres para disciplinarla y ésta se autoimpuso lo siguiente: no escuchar música de "rock" que tanto le gustaba, eliminar la grabadora de "disco" y los carteles de su cuarto. Además, pidió se le eliminara el dinero diario que recibía para la merienda de la escuela por un mes. El resultado de esto fue que la niña no volvió a cometer la falta. Yo no recomiendo el castigo físico bajo ninguna circunstancia porque se ataca al cuerpo y a la persona sin enfocar la conducta inapropiada. Brindemos más amor a nuestros hijos y desarrollemos más relaciones de cooperación en la familia.

El perdón libera y sana

Vivimos en una sociedad con muchos problemas. Muchos puertorriqueños padecen de algún tipo de trastorno emocional. El estrés ataca a otro gran número de personas debido al estilo de vida agitado y acelerado en que vivimos. Este panorama nos hace pensar que en nuestras relaciones interpersonales nos toparemos con alguien que en menor o mayor medida esté recibiendo algún tipo de ayuda profesional para lidiar con sus situaciones sicológicas o emocionales. Ante esta situación, sé que todos recibimos en mayor o menor grado algún tipo de orientación para manejar nuestros asuntos y lidiar con las personas con quienes compartimos. Es importante estar capacitado para manejar exitosamente las experiencias de nuestro diario vivir. No es suficiente tener conocimiento sobre las diferentes materias o áreas profesionales, sino que también es importante el manejo de nuestras emociones para poder interactuar efectivamente con las personas que nos encontramos en el medio ambiente que nos rodea. Los seres humanos se desarrollan en convivencia con diferentes grupos. El primer grupo que conoce un niño es su familia. En ella comienzan sus primeras relaciones interpersonales. Se supone que la familia le provea experiencias de amor, de afecto, las normas de sana convivencia, valores éticos y morales, etc., a sus miembros. Cada familia es un micromundo y cada individuo en esa familia también es otro micromundo. Las experiencias que pasa cada persona en la familia no las viven, ni las internalizan, de la misma forma. Por eso una misma experiencia puede ser de crecimiento y satisfacción para un miembro, pero esa misma experiencia puede ser de frustración e insatisfacción para otro. Algunos niños o jóvenes pueden desarrollar resentimientos, coraje, remordimientos y hasta odio hacia otros miembros del grupo familiar y los pueden guardar como experiencias sin resolver.

Las personas que sufren experiencias desagradables en el grupo familiar pueden generar mucho dolor que, en ocasiones, se traduce en luchas constantes contra otros miembros de la misma familia o fuera de ella. Para aliviar a estas personas les pido que perdonen a quien les hizo tanto daño como una dinámica para sanar las heridas. Perdonar no es fácil y a las personas se les hace difícil perdonar, pero tan pronto perdonan, se liberan del coraje, del estrés, de las tensiones y, las luchas que tanto le agobiaron, disminuyen o desaparecen para siempre. Digo para siempre porque cuando se perdona de verdad desaparecen todos los sentimientos que estaban dañando a la persona. Después de este proceso de perdón se puede hablar de la experiencia sin que la persona se resienta o sufra. Si todos aprendiéramos a perdonar tendríamos una sociedad más estable con menos violencia, con más tolerancia para vivir con más paz y más amor, porque el perdón nos libera y nos sana para siempre. Aprendamos a perdonar. Quien no aprende a perdonar vivirá amargado toda una vida.